***ACCESO GRATIS** a la Lectura en la Nube*

Para visualizar el libro electrónico en la nube de lectura envíe junto a su nombre y apellidos una fotografía del código de barras situado en la contraportada del libro y otra del ticket de compra a la dirección:

ebooktirant@tirant.com

En un máximo de 72 horas laborales le enviaremos el código de acceso con sus instrucciones.

GUÍA DE BUENAS PRÁCTICAS JUDICIALES EN TEMAS ÉTICOS

GUÍA DE BUENAS PRÁCTICAS JUDICIALES EN TEMAS ÉTICOS

ACADEMIA JUDICIAL DE CHILE

tirant lo blanch
Valencia, 2025

En caso de erratas y actualizaciones, la Editorial Tirant lo Blanch publicará la pertinente corrección en la página web www.tirant.com.

EDITA: TIRANT LO BLANCH
C/ Artes Gráficas, 14 - 46010 - Valencia
TELFS.: 96/361 00 48 - 50
FAX: 96/369 41 51
Email: tlb@tirant.com
www.tirant.com
Librería virtual: editorial.tirant.com/cl
ISBN: 978-84-1095-803-6
MAQUETA: Disset Ediciones

Si tiene alguna queja o sugerencia, envíenos un mail a: *atencioncliente@tirant.com*. En caso de no ser atendida su sugerencia, por favor, lea en *www.tirant.net/index.php/empresa/politicas-de-empresa* nuestro procedimiento de quejas.

Responsabilidad Social Corporativa: http://www.tirant.net/Docs/RSCTirant.pdf

Índice

Presentación

No ha sido sencillo en el Poder Judicial chileno avanzar en la definición de estándares y conductas asociadas a la ética judicial. Si bien existe una amplia conciencia de la necesidad de ello, hay varios factores que han complotado para poder concretarlo.

El más relevante es la confusión que existe al interior de la institución entre conflictos éticos y disciplinarios. Los primeros se suceden cotidianamente y no dan lugar necesariamente a algún juicio de reproche. En cambio, los disciplinarios se relacionan con un actuar desviado, reprobable. La mejor prueba de esta confusión es el resultado de una encuesta que la Academia Judicial realizó el año 2019 entre todos los jueces y juezas del país, en que un 41% de los que respondieron la pregunta asociada al tema declaró no haber tenido nunca que enfrentar un desafío ético en su desempeño profesional. Como es obvio, ello es del todo imposible. Esos jueces parecían estar pensando que reconocer un dilema ético era asumirse como malas personas o, al menos, con problemas severos. Como anunciábamos, eso es un error: todos enfrentamos constantemente dilemas éticos y solo en circunstancias muy extremas uno de esos problemas puede llegar a convertirse en un tema de relevancia disciplinaria.

Esta asimilación entre lo ético y lo disciplinario ha llevado a la inacción, pues buena parte de los jueces entiende que todo lo relativo a la disciplina judicial es materia de reserva legal y recela cualquier intento de avanzar internamente en la materia.

Para la Academia Judicial esta situación no puede ser más desafortunada, pues nos ha impedido contar con un instrumentos, estándares y criterios en la materia consensuados y adaptados a la realidad y las problemáticas locales. Solo es posible echar mano a principios internacionales, como los de Bangalore, o el Código Iberoamericano de Ética Judicial, que siempre fue concebido solo como un modelo que los países debían ajustar. Ello en circunstancias de que los temas éticos revisten la máxima importancia dentro de aquellos a los que la Academia debe enfocar su acción, tal como lo expresa el perfil de egreso del Programa de Formación y lo ratifican los resultados de los estudios de detección de necesidades de capacitación que hemos realizado.

Es en ese contexto que asumimos el desafío de convocar a la Asociación Nacional de Magistrados y Magistradas y a un grupo técnico con amplios conocimientos y experiencia en la materia, con el fin de, siguiendo la metodología ya probada en las guías para la conducción de audiencias que desde hace unos años viene elaborando la Academia, elaborar un texto que resumiera los estándares y mejores prácticas en los temas éticos más relevantes y acuciantes para los jueces. Este trabajo lo realizamos junto a magistrados y magistradas del país, invitando a todos ellos a contestar una encuesta y luego, a un grupo representativo, a discutir y validar el texto que hoy se les entrega.

El texto aborda los temas más relevantes para la judicatura, pero sin la pretensión de ser exhaustivo, pues comprendemos que se trata de un área dinámica, en que permanentemente surgen nuevas dificultades y vías más adecuadas para enfrentarlas. En ese sentido, una guía de esta naturaleza no puede ser sino un documento en permanente revisión y construcción, a lo que nos comprometemos.

Solo resta agradecer la coordinación de Paz Pérez, el trabajo del equipo técnico asumido por Eugenia Victoria Gallardo y Arturo Onfray, a la cooperación de la Asociación Nacional de Magistrados y Magistradas y, muy especialmente, a todos los jueces y juezas que contestaron las entrevistas e intervinieron en la validación del texto. Estamos ciertos de que ejercicios como este ayudan sobremanera a afianzar el Poder Judicial que todos queremos y nuestro país necesita.

JUAN ENRIQUE VARGAS V.
Director

Agradecimientos

La Academia Judicial agradece especialmente el trabajo de la magistrada Eugenia Victoria Gallardo Labraña del tribunal oral en lo penal de La Serena y del docente Arturo Felipe Onfray Vivanco, a cargo de la redacción de la guía.

Agradecemos a las magistradas y magistrados que participaron en las entrevistas de levantamiento de información para la elaboración del primer borrador de la Guía: María Soledad Piñeiro Fuenzalida, Fabiola Collao Contreras, Nancy Bluck Bahamondes, Raúl Baldomino Díaz, Susan Sepúlveda Chacama, Maria Soledad Santana Cardemil, Solange Sufán Arias, Lorena Andrea Bruna Machuca, Carmen Gloria Vargas Morales, José Ignacio Rau Atria, Elizabeth Reinoso Diez, Claudia Lazen Manzur, Felipe Pizarro Avalos, Susana Chacón Arancibia, Mauricio Chia Pizarro, Gabriela Contreras Piderit, Verónica Vymazal Bascope, Andrés Elgueta Muñoz, Rene Reyes Pradenas.

También agradecemos al **Comité de Revisión**, integrado por ministras, ministros, jueces y juezas referentes a nivel nacional que invitamos a participar voluntariamente y ad honorem en la redacción del contenido de la Guía[1]:

- María Soledad Piñeiro Fuenzalida, ministra de la Corte de Apelaciones de Valdivia.
- Nancy Bluck Bahamondes, ministra de la Corte de Apelaciones de Valparaíso.
- Alejandro Vera Quilodran, ministro de la Corte de Apelaciones de Temuco.
- Susan Sepúlveda Chacama, jueza del 3° juzgado de familia de Santiago.
- Solange Sufán Arias, jueza del tribunal oral en lo penal de Angol.
- Felipe Pizarro Avalos, juez del tribunal de juicio oral en lo penal de Ovalle.
- Gabriela Contreras Piderit, jueza de garantia de Talagante.

1 Agradecemos al magistrado Andrés Elgueta Muñoz, que participó en las primeras reuniones de validación.

También agradecemos la retroalimentación de la Federación de Colegios de Abogados, Fiscalía Nacional, Defensoría Penal Pública, Oficina de las Naciones Unidas contra la Droga y el Delito (UNDOC) y la Corporación de Asistencia Judicial Metropolitana.

I. Introducción

1. IMPORTANCIA DE LA ÉTICA JUDICIAL

Los miembros de la judicatura, junto con su capacidad jurídica, deben guiarse por los caminos de la ética judicial, parte de la ética general, que se ocupa de estudiar la conducta humana, desde el punto de vista de lo correcto y lo incorrecto[2].

La capacidad jurídica nos habla de la técnica, asociada al conocimiento y competencias para la aplicación del derecho y los procedimientos. La ética judicial nos habla de los valores. La importancia de tal distinción está en que la capacidad jurídica por sí sola no es suficiente para estar en presencia de un buen juez o jueza ya que con dicha capacidad se pueden desarrollar conductas o prácticas buenas o malas, dependiendo del sujeto que la aplique.

Ya lo decía don Juan Gómez Millas en 1962 en la ceremonia inaugural de la Primera Asamblea Nacional de Egresados de la Universidad de Chile: "*Todos aquellos que recibieron una educación superior, con ella adquirieron un poder, lo que obliga a una actitud moral, a una axiología, o el poder se convierte en una fuente de desvalor y, con ello, de acción demoníaca y destructora. El poder por sí solo nunca basta: siempre necesita asentarse en algún valor para justificarse*"[3].

La ética judicial, complemento necesario de la capacidad jurídica, puede entenderse "*como aquel conjunto de comportamientos necesarios para la satisfacción de intereses comprometidos con el ejercicio de la actividad judicial y para la aceptación de las decisiones por parte de los destinatarios*"[4].

---

2 Las referencias que se realizan en el texto, son generales aplicables al escalafón primario del Poder Judicial, es decir a ministras, ministros, jueces, juezas, relatores y secretarios.

3 GÓMEZ MILLAS, Juan, *Mensaje a los egresados de la Universidad,* en Gómez Millas, Juan, Estudios y consideraciones sobre Universidad y Cultura, Santiago: Corporación de Promoción Universitaria, 1986, p. 90.

4 Para mayores detalles: Vigo, Rodolfo Luis, *Ética judicial e interpretación jurídica,* Buenos Aires: Ediciones De Palma, 1981; Vigo, Rodolfo Luis, «*Ética judicial e interpretación jurídica*», DOXA, Cuadernos de Filosofía Jurídica, 29 (2006), pp.

La dimensión ética del juez le exige un estándar de comportamiento superior al meramente legal. No se trata solamente, por ejemplo, de no estar afecto a una causal de implicancia, de no incurrir en un delito de prevaricación o de no dictar una resolución manifiestamente injusta o arbitraria. La ética judicial procura fortalecer la idea de los jueces de excelencia, del juez y jueza ideal, de un modelo a seguir.

La ética judicial es una de las dimensiones de la corrección judicial, pero claramente distinta a la dimensión disciplinaria y a la dimensión penal. La ética judicial tiene una visión prospectiva toda vez que no persigue establecer responsabilidades ni sanciones asociadas sino servir de marco para la construcción de los jueces y juezas a que aspiran nuestras sociedades en cuanto sinónimo de excelencia. Lo disciplinario y lo penal tienen, en cambio, una visión retrospectiva, en tanto revisan conductas pasadas a fin de determinar eventuales responsabilidades y sanciones. Entre lo ético, lo disciplinario y lo penal, sí se advierte un decurso, en tanto, en ocasiones, a partir de una situación inicialmente ética se puede derivar, si se dan los presupuestos normativos y de intensidad asociados, a una cuestión de responsabilidad funcionaria o incluso penal.

En los tiempos actuales la ética judicial se manifiesta, como signo visible, en el desarrollo de numerosos instrumentos destinados a fortalecerla, ya se trate de textos de alcance global, como los Principios de Bangalore, el Comentario relativo a los Principios de Bangalore sobre Ética Judicial y el Estatuto Universal del Juez; de instrumentos regionales sobre el tema -entre los cuales destacan, para Iberoamérica, el Estatuto del Juez Iberoamericano; la Carta de los Derechos de las Personas en el Espacio Judicial iberoamericano; y el Código Iberoamericano de Ética Judicial- o códigos de ética judiciales nacionales.

273-294; y Vigo, Rodolfo Luis, Ética judicial e interpretación jurídica, Madrid: Tecnos, 1998.

2. PRINCIPIOS Y NORMAS EN QUE SE ENMARCA LA PRESENTE GUÍA

2.1. Estatuto Universal del Juez[5]

El Estatuto Universal del Juez -adoptado por el Consejo Central de la Unión Internacional de Magistrados en Taiwán, el 17 de noviembre de 1999, y actualizado, en Santiago de Chile, el 14 de noviembre de 2017- en su artículo 6 se refiere a la ética, destacando que "*en todas las circunstancias, los jueces deben guiarse por principios éticos. Tales principios, relativos a la vez a sus deberes profesionales y su manera de comportarse, deben guiar a los jueces y formar parte de su formación. Estos principios deben establecerse en códigos de ética judicial que deben inspirar la confianza del público en los jueces y el Poder Judicial. Los jueces deben desempeñar un papel de liderazgo en el desarrollo de tales códigos*".

Se analizan a continuación, la imparcialidad, la dignidad, las incompatibilidades y la moderación, a cuyo respecto se afirma que "*en el desempeño de las funciones judiciales el juez debe ser imparcial y debe ser visto así. El juez debe desempeñar sus funciones con moderación y atención a la dignidad de la corte y de todas las personas involucradas. El juez debe abstenerse de cualquier conducta, acción o expresión de un tipo que afecte efectivamente la confianza en su imparcialidad e independencia*".

En cuanto a la eficiencia, se releva que "*el juez debe realizar diligente y eficientemente sus deberes sin demoras indebidas*".

Respecto de las actividades exteriores o ajenas a la magistratura, se advierte que "*el juez no podrá ejercer ninguna otra función, pública o privada, remunerada o no, que no sea plenamente compatible con los deberes y el estatuto del juez. Él/ella debe evitar cualquier posible conflicto de intereses. El juez no debe estar sujeto a nombramientos externos sin su consentimiento*".

Finalmente, con relación al posible recurso del juez a una autoridad independiente para obtener asesoramiento, afirma el Estatuto que "*cuando los jueces consideren que su independencia está amenazada deben poder recurrir a una autoridad independiente (…) que disponga de medios para inves-*

[5] Estatuto Universal del Juez, disponible en: https://www.unodc.org/res/ji/import/international_standards/the_universal_charter_of_the_judge/universal_charter_2017_spanish.pdf

tigar los hechos y proporcionarles ayuda y apoyo. Los jueces y juezas deben ser capaces de buscar asesoramiento sobre ética de un órgano dentro del poder judicial".

2.2. Principios de Bangalore sobre Conducta Judicial y Comentario relativo a los Principios de Bangalore sobre Conducta Judicial

Los Principios de Bangalore sobre Conducta Judicial[6] fueron aprobados por el Grupo Judicial de Reforzamiento de la Integridad Judicial, nacido al alero de las Naciones Unidas, luego denominado Grupo de Integridad Judicial, y validados en la reunión de Presidentes de ciento un Tribunales Superiores celebrada en el Palacio de La Paz de la Haya, Países Bajos, los días 25 y 26 de noviembre de 2002, siendo más tarde respaldados por el Consejo Económico y Social de las Naciones Unidas, en su resolución 2006/23, de 27 de julio de 2006. Dicho texto es complementado por el Comentario relativo a los Principios de Bangalore sobre Conducta Judicial[7], depositario de una serie de ejemplos para comprender el alcance de los principios, a saber: seis valores éticos fundamentales, cuales son[8]:

- **Independencia.** La independencia judicial es un requisito previo del principio de legalidad y una garantía fundamental de la existencia de un juicio justo. En consecuencia, un juez deberá

---

6 Principios de Bangalore sobre Conducta Judicial, disponible en: https://www.unodc.org/documents/ji/training/19-03891_S_ebook.pdf

7 Comentario relativo a los Principios de Bangalore sobre Ética Judicial, disponible en: https://www.unodc.org/documents/corruption/Publications/2012/V1187384.pdf

8 Debe considerarse, como un antecedente esencial del compromiso de las Naciones Unidas en favor de la ética judicial, la Convención de las Naciones Unidas contra la Corrupción, del año 2003, la cual, en su artículo 11, destaca el rol de los jueces y de los fiscales en la sanción e investigación de la corrupción, en cuanto ambos deben guiarse por el norte de la integridad. Señala, respecto de los jueces, el artículo 11.1, lo siguiente:
"*Artículo 11. Medidas relativas al poder judicial y al ministerio público. 1. Teniendo presentes la independencia del poder judicial y su papel decisivo en la lucha contra la corrupción, cada Estado Parte, de conformidad con los principios fundamentales de su ordenamiento jurídico y sin menoscabo de la independencia del poder judicial, adoptará medidas para reforzar la integridad y evitar toda oportunidad de corrupción entre los miembros del Poder Judicial. Tales medidas podrán incluir normas que regulen la conducta de los miembros del Poder Judicial*".

defender y ejemplificar la independencia judicial tanto en sus aspectos individuales como institucionales.

- **Imparcialidad.** La imparcialidad es esencial para el desempeño correcto de las funciones jurisdiccionales. La imparcialidad se refiere no solamente a la decisión en sí misma, sino también al proceso mediante el cual se toma esa decisión.
- **Integridad.** La integridad es esencial para el desempeño correcto de las funciones jurisdiccionales.
- **Corrección.** La corrección y la apariencia de corrección son esenciales para el desempeño de todas las actividades de un juez.
- **Equidad.** Garantizar la igualdad de tratamiento de todos ante un tribunal es esencial para desempeñar debidamente las funciones jurisdiccionales.
- **Competencia y diligencia**. La competencia y la diligencia son requisitos previos para desempeñar debidamente las funciones jurisdiccionales.

2.3. Código Iberoamericano de Ética Judicial

La Cumbre Judicial Iberoamericana, cuya primera edición se desarrolló en Madrid, en 1990, reúne en un solo organismo a los Tribunales Supremos de Justicia y a los Consejos Superiores de la Judicatura de la Comunidad Iberoamericana, siendo su propósito "*la adopción de proyectos y acciones concertadas, desde la convicción de que la existencia de un acervo cultural común constituye un instrumento privilegiado que, sin menoscabo del necesario respeto a la diferencia, contribuye al fortalecimiento del Poder Judicial y, por extensión, del sistema democrático*"[9].

Uno de los logros más significativos obtenidos por la Cumbre Judicial Iberoamericana es la aprobación del Código Iberoamericano de Ética Judicial[10], el cual es el corolario de un importante esfuerzo colectivo regional, reflejado en la dictación de diversos códigos deontológicos

9 Para mayores detalles, véase: http://anterior.cumbrejudicial.org/web/guest/quienes_somos

10 Código Iberoamericano de Ética Judicial, disponible en: https://www.poderjudicial.es/cgpj/es/CIEJ/Codigo-Iberoamericano-de-Etica-Judicial/

nacionales así como en los desarrollos de la propia Cumbre, en cuyo seno es sancionado, el año 2001, el Estatuto del Juez Iberoamericano, el cual contiene un capítulo dedicado a la ética judicial y, en el año 2002, la Carta de Derechos de las Personas ante la Justicia, la que reconoce el "*derecho fundamental de la población a tener acceso a una justicia independiente, imparcial, transparente, responsable, eficiente, eficaz y equitativa*".

En tal contexto, en la Declaración de la Cumbre Judicial Iberoamericana de Copán, en el año 2004, los Presidentes de los Tribunales Supremos de Justicia y de los Consejos Superiores de la Judicatura pertenecientes a los países iberoamericanos señalaron, entre otros puntos, la necesidad de "*impulsar la elaboración de un Código modelo iberoamericano de Ética Judicial*", finalmente aprobado en la Cumbre de Costa Rica en el año 2006, sobre la base de un proyecto cuya preparación fue encargada al profesor Manuel Atienza, catedrático de la Universidad de Alicante (España), y a Rodolfo Vigo, Ministro de la Corte Suprema de Justicia de la Provincia de Santa Fe (Argentina).

Los principios de ética judicial considerados en el Código Iberoamericano de Ética Judicial son quince, cada uno de ellos es analizado en un capítulo aparte, a saber: la independencia, la imparcialidad, la motivación, el conocimiento y capacitación, la justicia y equidad, la responsabilidad institucional, la cortesía, la integridad, la transparencia, el secreto profesional, la prudencia, la diligencia, la honestidad profesional, la igualdad de género y no discriminación y las nuevas tecnologías.

La regulación de los capítulos señalados tiene una estructura similar, salvo los últimos dos principios, incorporados en el año 2023. Al inicio se señala el objetivo del principio, luego se indica un concepto de este y, finalmente, se consideran diversas reglas en las cuales se aplica el principio a situaciones concretas. A continuación, se consideran las definiciones y fundamentos de cada principio:

- **Independencia.** El juez independiente es aquel que determina desde el derecho vigente la decisión justa, sin dejarse influir real o aparentemente por factores ajenos al Derecho mismo.

  Las instituciones que, en el marco del Estado constitucional, garantizan la independencia judicial no están dirigidas a situar al juez en una posición de privilegio. Su razón de ser es la de garantizar a los ciudadanos el derecho a ser juzgados con parámetros jurídicos, como forma de evitar la arbitrariedad y de realizar los valores constitucionales y salvaguardar los derechos fundamentales.

- **Imparcialidad.** El juez imparcial es aquel que persigue con objetividad y con fundamento en la prueba la verdad de los hechos, manteniendo a lo largo de todo el proceso una equivalente distancia con las partes y con sus abogados, y evita todo tipo de comportamiento que pueda reflejar favoritismo, predisposición o prejuicio.

  La imparcialidad judicial tiene su fundamento en el derecho de los justiciables a ser tratados por igual y, por tanto, a no ser discriminados en lo que respecta al desarrollo de la función jurisdiccional.

- **Motivación.** Motivar supone expresar, de manera ordenada y clara, razones jurídicamente válidas, aptas para justificar la decisión.

  La obligación de motivar las decisiones se orienta a asegurar la legitimidad del juez, el buen funcionamiento de un sistema de impugnaciones procesales, el adecuado control del poder del que los jueces son titulares y, en último término, la justicia de las resoluciones judiciales.

- **Conocimiento y capacitación.** El juez bien formado es el que conoce el derecho vigente y ha desarrollado las capacidades técnicas y las actitudes éticas adecuadas para aplicarlo correctamente.

  La exigencia de conocimiento y de capacitación permanente de los jueces tiene como fundamento el derecho de los justiciables y de la sociedad en general a obtener un servicio de calidad en la Administración de Justicia.

- **Justicia y equidad.** La exigencia de equidad deriva de la necesidad de atemperar, con criterios de justicia, las consecuencias personales, familiares o sociales desfavorables surgidas por la inevitable abstracción y generalidad de las leyes. El fin último de la actividad judicial es realizar la justicia por medio del derecho.

- **Responsabilidad institucional.** El juez institucionalmente responsable es el que, además de cumplir con sus obligaciones específicas de carácter individual, asume un compromiso activo en el buen funcionamiento de todo el sistema judicial.

El buen funcionamiento del conjunto de las instituciones judiciales es condición necesaria para que cada juez pueda desempeñar adecuadamente su función.

- **Cortesía.** La cortesía es la forma de exteriorizar el respeto y consideración que los jueces deben a sus colegas, a los otros miembros de la oficina judicial, a los abogados, a los testigos, a los justiciables y, en general, a todos cuantos se relacionan con la Administración de Justicia.

  Los deberes de cortesía tienen su fundamento en la moral y su cumplimiento contribuye a un mejor funcionamiento de la Administración de Justicia.

- **Integridad**. El juez íntegro no debe comportarse de una manera que un observador razonable considere gravemente atentatoria contra los valores y sentimientos predominantes en la sociedad en la que presta su función.

  La integridad de la conducta del juez fuera del ámbito estricto de la actividad jurisdiccional contribuye a una fundada confianza de los ciudadanos en la judicatura.

- **Transparencia.** El juez ha de procurar ofrecer, sin infringir el Derecho vigente, información útil, pertinente, comprensible y fiable. La transparencia de las actuaciones del juez es una garantía de la justicia de sus decisiones.

- **Secreto profesional.** Los jueces tienen obligación de guardar absoluta reserva y secreto profesional en relación con las causas en trámite y con los hechos o datos conocidos en el ejercicio de su función o con ocasión de ésta.

  El secreto profesional tiene como fundamento salvaguardar los derechos de las partes y de sus allegados frente al uso indebido de informaciones obtenidas por el juez en el desempeño de sus funciones.

- **Prudencia.** El juez prudente es el que procura que sus comportamientos, actitudes y decisiones sean el resultado de un juicio justificado racionalmente, luego de haber meditado y valorado argumentos y contraargumentos disponibles, en el marco del derecho aplicable.

La prudencia está orientada al autocontrol del poder de decisión de los jueces y al cabal cumplimiento de la función jurisdiccional.

- **Diligencia.** El juez debe procurar que los procesos a su cargo se resuelvan en un plazo razonable.

  La exigencia de diligencia está encaminada a evitar la injusticia que comporta una decisión tardía.

- **Honestidad profesional.** El juez tiene prohibido recibir beneficios al margen de los que por derecho le correspondan y utilizar abusivamente o apropiarse de los medios que se le confíen para el cumplimiento de su función.

  La honestidad de la conducta del juez es necesaria para fortalecer la confianza de los ciudadanos en la justicia y contribuye al prestigio de esta.

- **Igualdad de género y no discriminación.** La judicatura debe administrar justicia eliminando los sesgos, las brechas y los estereotipos de género en el conocimiento y decisión de los casos, para lo cual es esencial incorporar la perspectiva de género y la interseccionalidad como herramientas de análisis para el adecuado ejercicio de la función jurisdiccional.

  El principio de igualdad de género y no discriminación informará el desempeño de la profesión judicial, tanto en las relaciones internas de los poderes judiciales como en el ejercicio de la jurisdicción, con el fin de garantizar el acceso a la justicia.

- **Nuevas tecnologías.** La judicatura debe ser consciente de la importancia instrumental de las nuevas tecnologías en el ejercicio de la función judicial y de los límites que imponen a su uso los derechos fundamentales de la persona, en particular por cuanto se refiere a la protección efectiva de los mismos. Por otra parte, el uso de las redes sociales por quienes integran el poder judicial no debe comprometer su independencia e imparcialidad, ni poner en cuestión la integridad del ejercicio de la función Judicial.

2.4. Auto Acordado de la Corte Suprema sobre Principios de Ética Judicial y Comisión de Ética

En Chile -además de las disposiciones contenidas en la Constitución Política de la República y los Códigos Procesales, relativas a la organización de la justicia y al debido proceso- existe el Auto Acordado de la Corte Suprema sobre Principios de Ética Judicial y Comisión de Ética[11], del 14 de diciembre de 2007, texto refundido, a su vez, de varios instrumentos anteriores. Es importante destacar que el artículo noveno ter del Auto Acordado considera una norma de clausura la cual señala que "*en lo no previsto en este Capítulo, regirán supletoriamente las disposiciones del Código modelo Iberoamericano de Ética Judicial, las que pasarán a formar parte del presente acuerdo*". Los principios recogidos en el Auto Acordado son los siguientes:

- **Dignidad.** Todo miembro del Poder Judicial deberá ejercer su cargo con dignidad, absteniéndose de toda conducta contraria a la seriedad y decoro que el mismo exige.
- **Probidad.** Toda persona que integre el Poder Judicial debe actuar con rectitud y honestidad, procurando prestar servicio satisfaciendo el interés general de la justicia y desechando todo provecho o ventaja personal que pueda lograr por sí o a través de otras personas. Lo anterior incluye los concursos, nombramientos, calificaciones y todo lo relativo al personal del Poder Judicial.
- **Integridad.** Todo miembro del Poder Judicial debe tener una conducta recta e intachable, de modo de promover la confianza de la comunidad en la Justicia.
- **Independencia.** Tanto los jueces, como los demás funcionarios judiciales, deben en conjunto e individualmente, velar por la autonomía de los tribunales y hacerla respetar en toda circunstancia.

---

11 Auto Acordado de la Corte Suprema sobre Principios de Ética Judicial y Comisión de Ética, disponible en: http://www.oas.org/juridico/pdfs/mesicic4_chl_acta262.pdf
Es necesario tener presente que, en año 2024, se ha iniciado, en el seno de la Corte Suprema, un proceso destinado a reemplazar el presente Auto Acordado por un nuevo texto.

- **Prudencia.** Todo miembro del Poder Judicial debe actuar con diligencia, tino y criterio en todas las materias en que le corresponda intervenir en razón o con ocasión de sus funciones, procurando que la forma como las ejercen inspire confianza a la comunidad.
- **Dedicación.** Los jueces y demás funcionarios judiciales deberán tener una disposición permanente a desempeñar sus cargos con acuciosidad, conocimiento y eficiencia, actuando con equidad y diligencia en todas las funciones que deban cumplir.
- **Sobriedad.** Los jueces y otros funcionarios del Poder Judicial deben demostrar templanza y austeridad tanto en el ejercicio de sus cargos como en su vida social, evitando toda ostentación que pueda plantear dudas sobre su honestidad y corrección personales.
- **Respeto.** Los jueces y demás funcionarios judiciales deberán demostrar respeto por la dignidad de todas las personas en las audiencias y demás actuaciones que lleven a cabo con motivo del desempeño de sus cargos.
- **Reserva.** Los jueces y demás funcionarios judiciales deben mantener absoluta reserva sobre todos los asuntos que así lo exijan y de los que tomen conocimiento, absteniéndose de darlos a conocer, emitir opiniones en público o privadas a su respecto, permitir que sean conocidos por otras personas ni utilizar la información que posean debido a sus funciones en beneficio propio o ajeno.
- **Prohibición de recibir estímulos pecuniarios**. Se prohíbe a los jueces y demás funcionarios judiciales la recepción de estímulos de carácter pecuniario.

II. Identificación de buenas prácticas para enfrentar problemas éticos

La Academia Judicial, en enero del año 2020, con ocasión de los veinticinco años de su establecimiento por la Ley N°19.346, realizó foros virtuales sobre temas de ética en que participaron veintitrés jueces, juezas, ministros, ministras y fiscales judiciales de Cortes de Apelaciones. En dichos foros fueron seleccionados diversos temas vinculados con las buenas prácticas judiciales.

En una iniciativa de la Academia Judicial, secundada por la Asociación Nacional de Magistrados y Magistradas de Chile, se propuso trabajar varios asuntos de impacto ético, identificados por los propios miembros de la judicatura como por la propia Academia.

Para analizar tales materias se remitió una invitación amplia a los y las integrantes de los tribunales de instancia y Cortes de Apelaciones del país. Quienes manifestaron su interés en participar en el proyecto fueron entrevistados por el equipo a cargo de la redacción de esta Guía. Las buenas prácticas consideradas en este documento se construyeron en el marco de un proceso de creación colaborativa en el que, partiendo de los lineamientos de los instrumentos señalados en la introducción a este texto, los aportes entregados en las entrevistas con jueces y juezas, que fueron profundizados por un grupo de validación de ministras, ministros, juezas y jueces, quienes en reuniones periódicas, desarrolladas de manera telemática, entre los meses de julio a septiembre del año 2024, dieron forma a un conjunto de buenas prácticas judiciales. A esa labor se sumaron insumos de algunas instituciones externas al Poder Judicial, particularmente de profesionales de la Oficina de Naciones Unidas contra la Droga y el Delito y de diversos organismos nacionales, a saber: Corporación de Asistencia Judicial Metropolitana, Defensoría Penal Pública, Federación de Colegios de Abogados y Ministerio Público.

A sabiendas que los dilemas éticos son dinámicos, el material que se presenta tiene como propósito aportar un compendio de buenas prácticas cuya finalidad es mostrar criterios de discernimiento, los cuales, en ningún caso, signifiquen constreñir los derechos que los jueces y juezas poseen en tanto miembros insertos activamente en la sociedad, sino que más bien pretenden llamar a la reflexión continua sobre temas de integridad judicial con el propósito de fortalecer la confianza de la sociedad en la labor jurisdiccional, siempre desde la perspectiva de la promoción y la defensa de los derechos humanos. En ese entendido, es importante considerar que el origen de esta herramienta es la institución académica formadora de quienes son parte de la judicatura, la Academia Judicial de Chile, en colaboración con la Asociación de Magistradas y Magistrados de Chile que los agrupa, y un grupo de jueces y juezas que se han sumado a la iniciativa. Se trata de una herramienta colectiva que, en un ejercicio de diálogo entre miembros del Poder Judicial de diferentes escalafones, territorios, materias y género, concordaron directrices de orientación para avanzar en la construcción de una cultura de integridad. Se ha pretendido, más que normar conductas frente a dilemas éticos, propiciar que jueces y juezas mantengan una actitud de discernimiento continuo, sensibilizados en la trascendencia que implica una conducta íntegra en el fortalecimiento y legitimidad de la función, que pueda traspasarse entre los miembros del Poder Judicial y que, pedagógicamente y fraternalmente, contribuya a modelar y profundizar la cultura ética que debe orientar a quienes integran la Judicatura.

I. TRATO Y CORTESÍA

1.1. Relevancia del tema

Según destaca el Código Iberoamericano de Ética Judicial, "*la cortesía es la forma de exteriorizar el respeto y consideración que los jueces deben a sus colegas, a los otros miembros de la oficina judicial, a los abogados, a los testigos, a los justiciables y, en general, a todos cuantos se relacionan con la administración de justicia*". A ello agrega, en cuanto a sus razones, que "*los deberes de cortesía tienen su fundamento en la moral y su cumplimiento contribuye a un mejor funcionamiento de la administración de justicia*".

Se manifiesta, el trato y la cortesía en múltiples aspectos, entre ellos: en las reglas de conducción de audiencias orientadas a un trato adecuado; en la importancia del lenguaje claro para interactuar con los justiciables, tema también relevado a propósito de las relaciones del juez o jueza con los usuarios del sistema; y en el considerar la situación personal de los justiciables (especialmente niños, niñas, adolescentes y personas en situación de vulnerabilidad) para adecuar el trato de modo que facilite su participación y comprensión del proceso.

1.2. Identificación de buenas prácticas a desarrollar por los jueces y juezas:

Buena práctica 1: El trato y la cortesía son elementos muy relevantes en la actuación de los miembros del Poder Judicial, quienes tendrán siempre una actitud respetuosa con todos y todas. El juez y la jueza no solamente será una persona conocedora de las normas y de los procedimientos, debe ser una persona que desarrolle un buen trato con los demás, debiéndose erradicar del Poder Judicial los casos de maltrato, así como los eventos de descortesía, en tanto resulta una contradicción, en sus términos, que un juez o jueza, quien debe velar por los derechos de las personas, sea maltratador o irrespetuoso.

Como ejemplos de esta buena práctica se sugieren los siguientes:

a) Más allá de su compromiso con el conocimiento y la capacitación, como manifestación de respeto a quienes concurren a los tribunales, estudiarán con antelación y dedicación las materias que son sometidas a su conocimiento, dando, de acuerdo con lo que establezca la ley en su caso, una señal clara de dicho conocimiento, por ejemplo, explicitando lo central del conflicto a quienes concurran a la audiencia.

b) Cumplir sus labores con puntualidad, en el inicio de la jornada y de las audiencias, observando los plazos y respetando los compromisos.

   Se advierte como conducta que socava la confianza en la judicatura, el que quienes la integran hagan esperar a sus colegas y a las personas usuarias, para que empiece a funcionar la sala o para iniciar reuniones de trabajo. En el evento de tener un retraso o suspensión de la audiencia, por alguna razón justificada, se insta a advertirlo lo más temprano posible.

c) Cuidar el saludo cordial y respetuoso con quienes se vinculan debido a sus labores.

d) Considerar que la cortesía se manifiesta no solamente en las palabras, sino también en el lenguaje corporal del juez y de la jueza.

   Se advierten como conductas de riesgo incurrir en gestos vehementes, en una innecesaria elevación de la voz y, en general, en acciones que puedan afectar negativamente la percepción de imparcialidad judicial de parte de los abogados, abogadas y usuarios. En tal sentido, se debe atender a la posición física, como, por ejemplo, la forma en que el juez o jueza se dispone corporalmente a atender la diligencia, en cuanto puede denotar un grado de desinterés de acuerdo con un observador imparcial; a lo gestual, como, por ejemplo, manifestaciones de impaciencia; y a las expresiones que generan desconfianza, como, por ejemplo, decirle al usuario: "*no le creo*".

Buena práctica 2: En sus relaciones con las personas usuarias, funcionarios y abogados, se insta a cultivar una conducta de apertura a la escucha, al diálogo reflexivo y atento.

Como ejemplos de esta buena práctica se sugieren los siguientes:

a) Los jueces y las juezas, en el ejercicio de sus funciones, en las relaciones con las personas usuarias, se expresarán de manera clara teniendo en especial consideración a los destinatarios.

b) Mostrarán una actitud tolerante y respetuosa hacia las críticas dirigidas a sus decisiones y comportamientos. Así, el juez o jueza no manifestará descortesía hacia quien impugna una decisión judicial o no perderá la templanza ante quienes lo cuestionen, ya sea en las dependencias del tribunal, fuera del despacho o en redes sociales.

c) Las observaciones que realice el juez o jueza a los funcionarios, funcionarias o a los abogados o abogadas con quienes se relaciona, se ejecutarán con el debido cuidado y respeto a su dignidad, evitando la exposición pública.

Buena práctica 3: Es necesario que los jueces y juezas, cultivando un trato respetuoso, reflejen su independencia e imparcialidad en la vinculación con las personas con quienes se relacionan.

Como ejemplos de esta buena práctica se sugieren los siguientes:

a) Los jueces y juezas, en el ámbito de su desempeño en el tribunal, se relacionarán con los funcionarios, auxiliares y empleados sin incurrir en favoritismos o descalificaciones, ya sean reales o aparentes.

b) Se advierte como una conducta de riesgo, tanto dentro como fuera del desempeño en el tribunal, que jueces y juezas acepten obsequios, regalías, tratos preferentes, o que aparentemente importen alguna preferencia, más allá de lo protocolar derivado del ejercicio del cargo. Dicha conducta puede ser percibida en desmedro de la independencia y de la imparcialidad. Se debe también evitar el uso de la condición de juez o jueza, con fines distintos a los propios de la función como, por ejemplo, para obtener privilegios.

Buena práctica 4: Los jueces y juezas, en el ámbito del desempeño de su labor jurisdiccional, mantendrán una disposición alerta a fin de garantizar un buen trato entre los funcionarios, funcionarias, abogados, abogadas, peritos y personas usuarias, en general, debiendo ser los primeros en cumplir e instar por espacios de resguardo integral de la dignidad de todos quienes trabajan, concurren o se relacionan con el tribunal.

Como ejemplos de esta buena práctica se sugieren los siguientes:

a) Es recomendable que quienes integran la judicatura, como una manifestación del respeto al ejercicio del cargo y a la relación con los usuarios, cuiden que su presentación personal no distraiga la atención sobre la centralidad del conflicto o que genere una distancia o desconfianza innecesaria con los justiciables.

   Del mismo modo las dependencias del tribunal cumplirán con el orden, eficacia y eficiencia necesarios para prestar un servicio de calidad a las personas usuarias. Por ejemplo, se estima conveniente mantener audífonos para personas mayores; una sala adecuada para niños, niñas y adolescentes; o espacios de privacidad para denuncias.

b) Es esencial y esperable que jueces y juezas desempeñen sus labores en condiciones físicas y psíquicas adecuadas a las exigencias de su trabajo.

c) Se advierte como conducta de riesgo permitir el uso de un trato informal, coloquial o que sugiera una cercanía que pudiere cuestionar la imparcialidad judicial por quienes participan en las audiencias. Lo anterior con la salvedad de aquellas situaciones en que excepcionalmente sea recomendable usarlo, para asegurar la efectivización de los derechos de ciertos usuarios, tales como los niños, niñas o adolescentes o personas con alguna situación que requiera un tratamiento más informal, todo aquello según evaluación del juez o jueza.

d) Para resguardar el buen trato y cortesía en el desarrollo de las audiencias, se hará uso de instrucciones ponderadas y precisas, que sean transmitidas con claridad a quienes participan en la audiencia o diligencia, siempre con miras al resguardo de la dignidad de las personas y el debido proceso.

Buena práctica 5: Es necesario cuidar el buen trato y cortesía entre los miembros de un tribunal con pluralidad de jueces y juezas, valorando como importante cada una de las funciones que se desempeñan.

En el caso de los tribunales colegiados se sugiere, como ejemplo de esta buena práctica, que en el evento de ser necesario dirigir preguntas a personas imputadas, testigos, peritos o abogados, ellas se conduzcan previa consulta de quien cumple la función de presidente, quien definirá la modalidad de formularla. El presidente, a su vez, deberá ser respetuoso con todos quienes integran el tribunal. Se insta a que, en el desarrollo de la audiencia, se tenga una especial consideración del parecer del juez redactor o jueza redactora, en atención a la función que desempeña.

2. RELACIONES CON DIFERENTES ACTORES DEL SECTOR JUSTICIA

2.1. Relevancia del tema

En este apartado se busca identificar buenas prácticas a implementar por los miembros de la judicatura, en sus relaciones con los sujetos que habitualmente intervienen en el sistema de administración de justicia, reconociendo que, en estas vinculaciones, hay sujetos en diferentes posiciones de poder, con mayores o menores potestades derivadas de diversos factores como la jerarquía, la antigüedad o el mayor ascendiente profesional.

Una correcta vinculación entre los diferentes sujetos del mencionado sistema necesariamente implica que quien detenta un mayor ascendiente en la estructura piramidal tiene, como carga, una mayor responsabilidad en el cuidado de esas relaciones, todo lo que propenderá a que la impartición de justicia sea más eficaz y eficiente para los justiciables.

2.2. Identificación de buenas prácticas en las relaciones con autoridades no judiciales a desarrollar por los jueces y juezas

Buena práctica 1: Propiciar una actitud diligente y profesional en orden a mantener una agenda pública transparente, accesible, que describa las autoridades o personas con quienes se reúnen y las materias a tratar.

Buena práctica 2: Es necesario que las relaciones con las autoridades políticas encuadren su contenido a temas de índole protocolar, académico, de promoción de los derechos humanos y de los principios esenciales de la función jurisdiccional y, además, en lo posible, que se desarrollen de manera pública. En el evento de abordarse otro tipo de asuntos, es esperable que aquellos se expliciten, en la medida que puedan afectar la confianza pública.

2.3. Identificación de buenas prácticas en las relaciones entre jueces y juezas, ministras y ministros, que se desempeñan en diferentes posiciones de poder, con mayor o menor potestades de gobierno

Buena práctica 1: Asumiendo que el Poder Judicial es una institución jerarquizada, esta característica puede condicionar la forma de relacionarse entre personas que se desempeñan en los distintos niveles de la organización. En ese escenario, es relevante mantener siempre un trato respetuoso, sin importar la ubicación en el escalafón que se detente.

Buena práctica 2: Entendiendo el escenario anterior, quienes ejercen cargos con mayores facultades de gobierno, que impliquen lo disciplinario y económico, serán diligentes en términos de respetar la independencia judicial de quienes ejercen jurisdicción y las funciones del cargo respecto de aquellos que colaboran con la labor jurisdiccional.

Se sugiere, además, que quienes detentan mayores facultades, ya de gobierno judicial o decisorias, promuevan acciones positivas en resguardo de la independencia de quienes ejercen la labor jurisdiccional.

Buena práctica 3: Los jueces y juezas que ejercen cargos con mayores facultades de gobierno, que impliquen lo disciplinario y económico, se conducirán con una especial consideración en las relaciones con aquellos jueces o funcionarios que ejercen funciones en menor nivel de decisión, cuidando no coartar su libertad o capacidad de respuesta, estando atentos a evitar el desequilibrio en el trato.

Buena práctica 4: Quienes ejercen cargos con mayores facultades de gobierno, que impliquen lo disciplinario y económico, se conducirán con especial consideración, en perspectiva de imparcialidad, en las relaciones con los jueces y juezas sujetos a las mencionadas facultades, en especial teniendo en consideración que participan en procesos de nombramientos, calificación y adjudicación de responsabilidades de los segundos.

Buena práctica 5: Cuando existan relaciones de amistad o cercanía entre quienes ejercen cargos con mayores facultades de gobierno, que impliquen lo disciplinario y económico, con otros de menor facultades decisorias, es necesario que se expliciten.

Los motivos por los cuales usualmente se produce mayor cercanía en las relaciones están vinculadas a una amistad y a la pertenencia a grupos de interés como es el caso de las labores referidas a las actividades de asociaciones gremiales o a instituciones académicas, o en grupos de participación social o comunitaria. En esas situaciones se insta a que se expliciten aquellos motivos, de manera de cautelar el resguardo de la independencia y la imparcialidad judicial y poder controlar que esos vínculos no se proyecten en decisiones que favorezcan o perjudiquen indebidamente a terceros.

Buena práctica 6: Los jueces y juezas mantendrán una actitud que promueva las relaciones respetuosas entre los miembros del Poder Judicial. Lo anterior es particularmente relevante respecto de quienes, en el seno de la judicatura, ejercen cargos con mayores facultades de gobierno, que impliquen lo disciplinario y económico, a cuyo respecto es esperable que se conduzcan con humanidad y sencillez al momento de relacionarse con otros.

Es esperable que quienes ejercen funciones de gobierno judicial desplieguen conductas en orden a desalentar, tanto en la conducta propia como respecto de terceros, la existencia de relaciones de sumisión o pleitesía dentro de la organización Judicial.

Se alertan como conductas de riesgo aquellas que impliquen un uso indebido de las prerrogativas asociadas a los cargos judiciales como, por ejemplo, expresiones hostiles, de descrédito o desconfianza, que disminuya la facultad de decisión o de trabajo de quien las recibe.

Buena práctica 7: Se advierte como conducta de riesgo el uso de diminutivos entre quienes se relacionan en el tribunal. Una especial alerta al respecto se debe tener en las relaciones entre quienes ejercen cargos con mayores facultades de gobierno, que impliquen lo disciplinario y económico y aquellos que están sujetos a esas facultades.

2.4. Identificación de buenas prácticas, a desarrollar por los jueces y juezas, ministras y ministros, en sus relaciones en calidad de pares

Buena práctica 1: En resguardo del valor de la independencia interna, es necesario mantener relaciones respetuosas con las prerrogativas de los pares.

Se advierte como conducta de riesgo el utilizar las relaciones con otros jueces para ejercer influencias, promover recomendaciones o manifestar observaciones negativas respecto de otras personas, como amigos, parientes, o comentarios de otros jueces o personas respecto de quienes se tiene animadversión. Alertada esta situación, no se considerarán esos comentarios, para no afectar el propio criterio y poder reconocer los legítimos méritos de las personas.

Siempre en promoción de la independencia interna en las relaciones con los pares, se estará atento a no favorecer al amigo, al pariente del juez o jueza, al recomendado, etc. En tal contexto, será el propio juez o jueza quien se inhibirá de ejercer un espacio de influencia respecto de otros pares.

Buena práctica 2: Las relaciones entre los pares se desarrollarán en el ámbito del respeto, evitando todo lo atentatorio contra la dignidad de las personas, lo que adquiere un particular interés en los tribunales colegiados, a cuyos efectos se sugiere ser respetuoso en las disidencias y diferencias, en las correcciones, en la valoración de las opiniones de los demás, propiciando el escuchar con atención, etc.

Buena práctica 3: En un escenario de pluralidad, por ejemplo, en cuanto a los orígenes, culturas, territorios y rangos etarios, es necesario mantener una conducta respetuosa y tolerante en la diversidad.

Se sugiere ser cuidadoso en el lenguaje, por ejemplo, al momento de hacer comentarios o bromas, teniendo en consideración que hay algunos tolerados por una generación que no son igualmente aceptados por otra. Esto también acontece con la valoración de ciertas prácticas sociales y costumbres. En razón de lo anterior, es esperable que las diferencias o faltas de entendimiento se reparen, propiciando el diálogo en favor de un clima laboral armonioso.

2.5. Identificación de buenas prácticas en las relaciones entre jueces, juezas, ministros, ministras con los funcionarios y funcionarias judiciales

Buena práctica 1: Se propiciará una actitud respetuosa con los funcionarios y funcionarias del tribunal, evitando favoritismos con respecto a unos por sobre otros.

Buena práctica 2: En orden a evitar el favoritismo, se actuará de una manera equivalente con los funcionarios y funcionarias; así, por ejemplo, si se decide celebrar el cumpleaños de un funcionario, se celebrará también el de los demás, en la medida de lo posible; en el evento de organizar un encuentro de camaradería se hará con un criterio amplio e inclusivo, evitando dejar fuera, sin razón, a algún funcionario del tribunal; en el caso que se decida entregar regalos de cortesía a los integrantes del equipo del tribunal, por ejemplo, luego de un viaje, se intentará que sean equivalentes en significancia y valor.

Buena práctica 3: Sin perjuicio de los grados de especialidad en el desarrollo del trabajo del tribunal, es recomendable que los jueces y juezas propicien, en su caso, espacios de polifuncionalidad, de forma tal, que un funcionario o funcionaria no monopolice ciertas labores que puedan revelar un grado de favoritismo a su respecto.

Buena práctica 4: Es esperable que quienes ejercen funciones de gobierno judicial ejecuten conductas que erradiquen, tanto en la conducta propia como respecto de terceros, la existencia de relaciones de sumisión o pleitesía de parte de funcionarios y funcionarias.

Se alertan como conductas de riesgo aquellas que impliquen un uso indebido de las prerrogativas asociadas a la superioridad en el cargo como, por ejemplo, encargar a los funcionarios o funcionarias judiciales gestiones que no correspondan a su función, y que más bien son tareas domésticas del juez o jueza, por ejemplo, el pago de cuentas personales.

2.6. Identificación de buenas prácticas en las relaciones de los jueces y juezas con las partes, sus abogados y abogadas y, en general, con los intervinientes y partícipes en el proceso

Buena práctica 1: Se observará una vida social que tenga como perspectiva resguardar la independencia judicial y la imparcialidad, favoreciendo vinculaciones sociales seguras, que no generen riesgos de cuestionamientos a los valores referidos.

Buena práctica 2: Se alertan como conductas de riesgo aquellas vinculaciones sociales que impliquen recibir favores o atenciones especiales por el compromiso que aquello implica y su impacto en la percepción de los justiciables, en especial con respecto al cumplimiento del principio de imparcialidad.

Buena práctica 3: Es necesario, en el ejercicio de la función jurisdiccional en general, pero particularmente en las audiencias públicas y en aquellas diligencias de trato directo con los sujetos que habitualmente intervienen en el sistema de administración de justicia, observar una conducta que refleje el dominio de sí mismo con el fin de propiciar un entorno de resguardo de los derechos de quienes intervienen en ellas.

Es esperable que, en resguardo del equilibrio en el proceso adversarial, se pondere equitativamente el uso de la palabra y el uso de los tiempos por parte de los intervinientes y partícipes de un proceso.

Se alerta como conducta de riesgo el que, frente a eventuales impertinencias o malas prácticas de algunos abogados o abogadas del foro, se reaccione de manera destemplada verbal o gestualmente, todo lo cual incide negativamente en la imagen de imparcialidad frente al público.

Los jueces no deben, como regla general, recibir en audiencias privadas a uno de los abogados de las partes, en cuanto se afecta la bilateralidad de la audiencia en tal ejercicio.

Buena práctica 4: Explicitar las relaciones de amistad o familiaridad con abogados, abogadas, fiscales o defensores que litiguen en su tribunal, especialmente que signifiquen conflictos de interés, considerando que ellas pueden comprometer, real o aparentemente, la independencia externa e imparcialidad del tribunal. Se insta en estas situaciones, evaluar el conflicto de interés, a efectos de tomar decisiones relacionadas sobre su participación en la causa.

Se alertan como inconvenientes las demostraciones de excesiva familiaridad o cercanía, así como de animadversión o de sentimientos negativos, con abogados, abogadas, fiscales o defensores que litiguen en el tribunal.

Buena práctica 5: Es recomendable, en favor de la igualdad de los y las justiciables que, más allá de la evolución natural de la jurisprudencia, jueces y juezas adopten decisiones que resguarden el valor de la certeza jurídica.

Es esperable que en situaciones que se requiera adoptar cambios en la decisión, se expliciten las razones de aquello, haciéndose cargo, por medio de una completa fundamentación, sobre el nuevo rumbo que se adopta en la jurisprudencia.

Esta recomendación tiene una especial relevancia en el seno de los tribunales colegiados, en los cuales, debido a la alternancia en la conformación de las salas, la regularidad en las decisiones se pudiere ver afectada, por lo que se sugiere tenerla en consideración, con miras a favorecer la predictibilidad judicial, la seguridad jurídica, la prevención de los conflictos jurídicos y del litigio.

2.7. Identificación de buenas prácticas en las relaciones de jueces y juezas con las personas usuarias

Buena práctica 1: Los jueces y juezas usarán lenguaje claro, respetuoso, sencillo e inclusivo, en las relaciones con las personas usuarias. Para verificar lo anterior, se sugiere corroborar la comprensión de la información por parte del destinatario, procurando adquirir la certeza del adecuado entendimiento de sus decisiones, en especial cuando la persona usuaria pertenece a un grupo identificado como vulnerable, no es profesional del área del derecho o es ajeno a la cultura legal.

Buena práctica 2: Los miembros de la judicatura tendrán las mismas consideraciones de la buena práctica anterior en el uso del lenguaje no verbal, evitando conductas vehementes, manifestaciones de impaciencia o gestos que generen desconfianza, que puedan afectar negativamente la percepción de imparcialidad judicial de parte de las personas usuarias.

Buena práctica 3: Es recomendable que jueces y juezas antes de vincularse con las personas usuarias, conozcan la información básica de quienes concurren a estrados, especialmente si pertenecen a algún grupo en situación de mayor vulnerabilidad. A modo de ejemplo, es esperable conocer su nombre o tenerlo a la vista; saber si es una persona mayor, niño, niña o adolescente o si es una persona con discapacidad que requiera de asistencia especial.

Buena práctica 4: Es recomendable para una comunicación efectiva que, junto con utilizar un lenguaje claro y sencillo, se mantenga una disposición activa a oír las dudas de quienes comparecen al tribunal, así como para responderlas. Además, si es necesario, en un rol pedagógico, se explicarán los derechos esenciales, con el fin de promoverlos.

2.8. Identificación de buenas prácticas en las relaciones de jueces y juezas con los medios de comunicación social

Buena práctica 1: Los miembros de la judicatura, salvo la consideración del resguardo del secreto profesional y reservas, con miras a promover la confianza social, propiciarán la transparencia y publicidad de sus actuaciones, en concordancia con los principios de justicia abierta.

Buena práctica 2: En consonancia con el principio de transparencia y con miras a propiciar la confianza de la sociedad, los jueces y juezas, promoverán canales regulares de vinculación con los medios de comunicación social, que sean acordados y conocidos por estos, por los cuales se pueda entregar información conforme el mérito de los procesos en el ámbito jurisdiccional y fidedigno en otros ámbitos, como el gremial, académico o cualquier otro, en que se ejerza la libertad de expresión.

Buena práctica 3: Es recomendable que, al relacionarse con los medios de comunicación social, los jueces y juezas, requieran asesoría de la unidad de comunicaciones del Poder Judicial o de la organización gremial o académica a la que se representa en el ámbito de la vocería.

Buena práctica 4: Es recomendable que juezas y jueces, en el ámbito de vocerías a propósito del ejercicio del cargo, al dar a conocer información institucional, utilicen, de manera preferente, canales de comunicación proporcionados por el Poder Judicial.

Buena práctica 5: Se sugiere a los jueces o juezas estar alertas a las disposiciones internas al relacionarse con los medios de comunicación social, especialmente a aquellas que puedan afectar los ámbitos de su independencia externa, así como de su imparcialidad al momento de decidir.

Es recomendable mantener condiciones de mínima contaminación frente a los contenidos de los medios de comunicación social que incidan en alguna causa sometida a su decisión, así como también disminuir la exposición pública en relación con la misma, especialmente en los casos mediáticos, que pueda afectar el proceso decisorio.

Buena práctica 6: Los jueces y juezas, al momento de relacionarse con los medios de comunicación social, en el ámbito del ejercicio de su libertad de expresión se conducirán conforme a los valores de la prudencia y transparencia, teniendo en vistas el generar un espacio de confianza con la función de juzgar.

En ese orden de ideas, se debe evitar emitir juicios sobre el ejercicio de las competencias de otras autoridades o Poderes del Estado, así como también expresar opiniones sobre política contingente o cuestiones que afecten el valor público de la función jurisdiccional que se ejerce.

3. NOMBRAMIENTOS A CARGO DEL MAGISTRADO O MAGISTRADA (DE OTROS JUECES, FUNCIONARIOS, ÁRBITROS, MARTILLEROS, PERITOS, ETC.)

3.1. Relevancia del tema

Con frecuencia jueces y juezas intervienen en procesos de nombramientos asociados a otros jueces, a funcionarios y empleados del Poder Judicial, o a diversos sujetos que colaboran con el proceso judicial, como peritos o martilleros, o bien que derechamente ejercen jurisdicción como es el caso de los árbitros. Asimismo, participan en la designación de los auxiliares de la Administración de Justicia, a saber, archiveros, conservadores y notarios.

Se trata de un asunto relevante y sensible, no exento de riesgos y a cuyo respecto, a partir de la revisión de los instrumentos de ética judicial y de las opiniones de jueces y juezas que participaron en la elaboración de esta guía, se sugieren a continuación, una serie de buenas prácticas que, más allá de la norma positiva, se estima pueden mejorar los mencionados procesos de nombramientos.

Entre los riesgos que se visualizaron en los procesos de nombramiento está el limitado conocimiento de los postulantes, en tanto los antecedentes que preceden a la selección no siempre reflejan aspectos que resultan relevantes en la decisión; el poco espacio para conocerlos, considerando que las audiencias que están previstas en el proceso son breves; la poca capacidad de entrevistar a un universo amplio de postulantes; eventuales ejercicios de influencias no pertinentes o de compromisos impertinentes; y el ejercicio de una discrecionalidad sin los límites asociados a la fundamentación.

3.2. Identificación de buenas prácticas a desarrollar por los jueces y juezas:

Buena práctica 1: En atención que el juez o jueza debe en los concursos y nombramientos -así como también en las calificaciones y demás materias administrativas asociadas al ámbito del gobierno judicial- actuar con estricto apego al principio de la probidad, es necesario, en este contexto, no favorecer ni perjudicar arbitrariamente, a las personas que participen en estos procesos.

Como ejemplos de la presente buena práctica se mencionan los siguientes:

a) No interceder o intervenir a favor propio o a favor o en contra de persona alguna, con quienes tienen a cargo decidir estos procesos. Por ejemplo, hablando de los atributos o defectos de un postulante, llamando telefónicamente, escribiendo correos electrónicos, mensajes de texto por redes sociales, o utilizando otras vías equivalentes con esos fines.

b) En el caso que el nombramiento esté a cargo de un tribunal colegiado, no existirán presiones entre los jueces que lo integran, ya en favor o en contra de un postulante.

c) Se advierte como riesgosa la práctica de negociación de los votos, en tanto defrauda el proceso de deliberación independiente e imparcial conforme al mérito de los antecedentes. Se transparentará el procedimiento utilizado para arribar a la selección de los postulantes.

d) Los jueces y las juezas a quienes les corresponda participar en un proceso de nombramiento mantendrán una especial actitud de alerta para identificar los posibles conflictos de intereses que les puedan afectar en relación con alguno de los postulantes o con quien se califica y, ante la existencia de dudas sobre un vínculo que afecte su imparcialidad, explicitarlas.

   Es necesario que los jueces y juezas expongan tanto los vínculos que afecten realmente su imparcialidad, como aquellos que estimen que puedan afectarla. Así, si existe una situación que refleje un vínculo, pero no es de aquellos que la legislación nacional vigente contemple como causal de inhabilidad, se insta a transparentarlo.

e) Se advierte como riesgoso incorporar al proceso de nombramiento información obtenida por jueces o juezas por vías que no se encuentren contempladas en la norma legal, en las bases de postulación o en la regulación del concurso o la calificación, en su caso, en tanto ellas quedan fuera del control de los postulantes. En el evento de estimarse necesario ahondar sobre algún aspecto del postulante o de la persona a quien se califica para decidir de mejor manera, se dejará registro de ese requerimiento de información adicional, además de, en su caso, solicitar igual información respecto de los demás postulantes.

Buena práctica 2: Los nombramientos realizados por jueces o juezas -o su participación en tales procesos- se efectuarán de forma responsable y de manera objetiva, procurando favorecer la competencia de los postulantes, en un sentido amplio. Esta buena práctica adquiere mayor relevancia en la medida en que el proceso de nombramiento tenga menor regulación y, por lo tanto, mayor riesgo de discrecionalidad en la elección.

Como ejemplos de la presente buena práctica se mencionan los siguientes:

a) Es recomendable, en orden a salvar el poco conocimiento de los postulantes a un cargo, por lo acotado de los antecedentes o lo breve de las entrevistas, aprovechar esta última instancia de diálogo para tener una conversación directa y franca con ellos, de manera de evaluar factores relevantes para el cargo. Se sugiere acordar por el órgano de nombramiento, preguntas asociadas a la función a la que se postula, que sean comunes y en lo posible estandarizadas, de manera de asegurar un trato igualitario de los candidatos.

b) Se espera el estudio exhaustivo de los antecedentes objetivos del candidato o postulante, tales como aquellos asociados a sus conocimientos, su experiencia laboral, sus logros profesionales y sus reconocimientos, además de sus resultados en las etapas preliminares del concurso, todo lo que debería estar registrado en los antecedentes de este.

c) Se advierten como riesgosas aquellas preguntas o comentarios que reflejen, directa o implícitamente, sesgos o discriminación, tales como aquellas relativas al género del postulante, número de hijos, personas a su cuidado, opiniones religiosas o sensibilidades políticas, entre otras.

Buena práctica 3: A fin de acotar los espacios de discrecionalidad en los procesos de nombramiento, y como estándar mínimo de debido proceso, es esperable que se expliciten los motivos o fundamentos de la decisión que se adopta.

Como ejemplos de la presente buena práctica se mencionan los siguientes:

a) Mantener una actitud de alerta para identificar los espacios de discrecionalidad y, a pesar de que normativamente no se requiera consignar las razones de la decisión, se insta a procurar fundamentarla, explicitando los criterios que le sirven de sustento.

b) Es esperable que cada juez y jueza que participe en un proceso de nombramiento o de evaluación, reflexione y explicite los criterios que fundamentan su decisión. En el caso de una decisión colegiada, en lo posible, se debe procurar reflexionar y generar acuerdos sobre esos criterios, o sobre otros, con los demás jueces que participan, con miras a favorecer certezas en los postulantes que acceden a cargos similares.

c) La fundamentación referida no será un ejercicio de justificación meramente formal. Se favorecerá una decisión sobre la base de parámetros estandarizados, tales como la especialización en la materia; la experiencia en tribunales similares o el desarrollo de estudios específicos; la antigüedad en el Poder Judicial; la consideración de sus habilidades relacionales y técnicas; o la consideración de criterios de paridad de género, en un contexto de méritos equivalentes evaluados en perspectiva de equidad.

d) Se evitará la consideración de criterios que no son pertinentes y pudieren vulnerar el ejercicio legítimo de otros derechos, tales como el cuestionamiento al uso de licencias médicas, el haber sido sujeto de un sumario administrativo o similar que culminó sin sanción, el mantener una conducta gremial activa u otros que puedan reflejar sesgos, como, por ejemplo, hacia la neurodiversidad o la identidad sexual.

Buena práctica 4: Es esperable que en el proceso de designación de árbitros o peritos se expliciten los fundamentos o motivos de la decisión que se adopta.

Como ejemplos de la presente buena práctica se mencionan los siguientes:

a) Se definirán y explicitarán los criterios objetivos que sustentan la designación de uno de los peritos por sobre otro. Ejemplos de criterios razonables, son los asociados a la especialidad de la materia o a la completitud de informes o desempeños previos.

b) Los jueces y juezas, en el nombramiento de árbitros, estarán atentos a la selección de aquellos, considerando elementos como la especialidad, experiencia académica, litigiosa o arbitral, su domicilio en el territorio jurisdiccional, por ejemplo. Lo anterior, teniendo en consideración que la correcta elección involucra el prestigio de la labor jurisdiccional y de quien lo designa.

c) Es recomendable tanto en el nombramiento de árbitros y peritos, tener en consideración, como criterio de elección, la alternancia en las designaciones, ante equivalentes condiciones de los postulantes.

4. MANEJO DE REDES SOCIALES Y CUESTIONES ASOCIADAS A LA VIDA PRIVADA DE JUECES Y JUEZAS CON INCIDENCIA EN LAS RESPONSABILIDADES JURISDICCIONALES

4.1. Relevancia del tema

En los tiempos actuales, las redes sociales son parte de la cotidianeidad; en ese entendido, es necesario preguntarse por la aproximación debida del juez o jueza hacia las mismas, a fin de no afectar el correcto desempeño de la labor jurisdiccional y la confianza de los justiciables, más allá del legítimo derecho de expresión y de ser parte de la sociedad como ciudadanos, que les corresponden.

En ese sentido, cabe reflexionar sobre temas tales como, la conveniencia de mantener redes sociales no institucionales, los criterios para el uso de ellas, la relación de las redes sociales con la vida privada y cómo puede la utilización de ellas incidir en la percepción de la judicatura por parte de la sociedad; los efectos de la exposición de la vida personal y familiar; y el ejercicio de la libertad de expresión, sin afectar su independencia e imparcialidad.

4.2. Identificación de buenas prácticas a desarrollar por los jueces y juezas:

Buena práctica 1: En el evento que jueces y juezas decidan mantener redes sociales, en el ejercicio de sus derechos como miembros de la sociedad, deben tener presente, como límite a los contenidos que en ellas se difunden, el resguardo a la función jurisdiccional que se detenta y el actuar con miras a proteger la confianza en la labor de jueces y juezas por parte de los usuarios.

Como ejemplos de la presente buena práctica se mencionan los siguientes:

a) Considerar, como límite inicial para publicar en redes sociales, el que se trate de contenidos que pudieren ser comunicados en un entorno de difusión ajustado por los mismos límites que se tendrían en un entorno social ordinario.

   Se sugiere como información segura para difundir en redes sociales, el contenido que pueda catalogarse como público, considerando, además, que el contenido compartido puede hacerse público, aun cuando se divulgue en canales privados.

   Los miembros de la judicatura adecuarán el contenido de la información que se comparte al tipo de red social que se decide usar. Por ejemplo, en el caso de LinkedIn el usuario podrá identificarse como juez o jueza, en tanto que, en otros canales, puede no ser conveniente publicar esa información.

b) Recoger la sugerencia de las directrices no vinculantes sobre el uso de redes sociales de la Oficina de las Naciones Unidas contra la Droga y el Delito, en el sentido que los jueces y las juezas deben evitar expresar opiniones o compartir información personal en línea que pueda socavar la independencia e imparcialidad judiciales, la integridad, la corrección, el derecho a un juicio justo o la confianza pública en el Poder Judicial, independientemente de si revelan o no sus nombres reales o su condición judicial en las redes sociales.

c) Es recomendable que las redes sociales de jueces y juezas sean de carácter privado y además, que se mantenga un criterio de alerta en cuanto a los perfiles a quienes se les permite el acceso a la información en ellas compartida.

d) En el evento de emitir opiniones sobre causas ejecutoriadas, en términos jurídicos y con fines de orientación a la comunidad o académicos, se evitarán las referencias personales a los jueces y juezas que intervinieron en ellas o a las partes de la causa.

Se advierte que, si se decide intervenir en discusiones o debates por redes sociales, se tendrá especial atención en no socavar la confianza pública.

e) Se sugiere no compartir por redes sociales datos personales, familiares u otros sensibles, que posicionen al juez o jueza en una situación de vulnerabilidad.

f) Se advierte como conducta de riesgo difundir imágenes que puedan ser estimadas inapropiadas, incluso en el ámbito social privado, o que puedan generar desconfianza de parte de la sociedad.

Buena práctica 2: Es necesario en la conducta de la judicatura un uso prudente de las redes sociales, tanto en celulares u otros dispositivos, durante la jornada laboral y, especialmente, durante el desarrollo de las audiencias.

Como ejemplos de la presente buena práctica se mencionan los siguientes:

a) Abstenerse del uso de redes sociales, en el celular o a través de cualquier otro medio, durante la ejecución de una audiencia, en términos que afecten la concentración y la debida atención a su desarrollo. Esta buena práctica es concordante con el respeto hacia las partes que intervienen en la audiencia.

b) Se evitará el uso de celulares y dispositivos tecnológicos en las audiencias, con fines de verificar, fuera del desarrollo ordinario del proceso, antecedentes vertidos en juicio. En el evento en que sea necesario corroborar una información, en la medida que la materia que se conoce lo permita, se recomienda dejar registro de aquella consulta.

También se alerta como riesgosa la búsqueda, por estos medios, de perfiles en redes sociales de las partes de una causa o imágenes de una víctima, por ejemplo, ya sea dentro o fuera del ámbito laboral. Se trata de una información, no controlada en el proceso, que pudiere derivar en la construcción de sesgos o prejuicios.

Buena práctica 3: Se estima, asimismo, como conducta de riesgo el que jueces y juezas mantengan, por medio de redes sociales, conversaciones, intercambio de contenidos o mensajerías con las partes o abogados y abogadas en causas que estén o puedan estar bajo su conocimiento actual, ya sea que estas comunicaciones se mantengan dentro o fuera del ámbito laboral.

Buena práctica 4: Es recomendable el uso de las redes sociales, en tanto son útiles para obtener información fidedigna y confiable o con fines que releven el valor de la labor jurisdiccional.

Como ejemplos de la presente buena práctica se mencionan:

a) Se sugiere como espacios seguros de vinculación a redes sociales aquellos institucionales, como son los perfiles oficiales del Poder Judicial, de otros poderes del Estado, de Universidades o de Organismos Internacionales, que permiten acceder a información segura y de calidad.

b) Es recomendable que los miembros de la judicatura usen las redes sociales contribuyendo con fines pedagógicos o de orientación a la ciudadanía, respecto a los servicios judiciales, el alcance de las decisiones judiciales y la prevención de conflictos jurídicos.

Buena práctica 5: Es recomendable, para todos los integrantes de la judicatura, participar en las capacitaciones sobre uso de redes sociales, sus funcionalidades, ciberseguridad y los contenidos a tratar por medio de ellas, con miras a un uso responsable de acuerdo con el ejercicio del cargo, sin importar que el juez o jueza tenga presencia virtual o use estas aplicaciones.

Buena práctica 6: Al momento de acceder a crear una cuenta de redes sociales, se leerán con atención los términos de referencia, condiciones de uso y, en especial, las políticas y configuraciones de privacidad.

5. CONFLICTOS DE INTERÉS

5.1. Relevancia del tema

Según afirma la ley sobre probidad en la función pública y prevención de los conflictos de interés en su artículo 1°, "*existe conflicto de intereses en el ejercicio de la función pública cuando concurren a la vez el interés general propio del ejercicio de las funciones con un interés particular, sea o no de carácter económico, de quien ejerce dichas funciones o de los terceros vinculados a él determinados por la ley, o cuando concurren circunstancias que le restan imparcialidad en el ejercicio de sus competencias*".

Por su parte el Comentario relativo a los Principios de Bangalore sobre Conducta Judicial, en su número 67, indica: "*La posibilidad de un conflicto de intereses surge cuando los intereses personales del juez (o de las personas cercanas) entran en conflicto con el deber del juez de fallar imparcialmente. La imparcialidad judicial se relaciona con la imparcialidad de hecho y con la imparcialidad percibida por un observador razonable. En cuestiones judiciales la prueba del conflicto de intereses debe tener en cuenta tanto los conflictos reales entre los intereses propios del juez y su deber de fallar imparcialmente, como las circunstancias en que un observador razonable supondría (o podría suponer) razonablemente la existencia de un conflicto. Por ejemplo, aunque los miembros de la familia de un juez tienen pleno derecho a participar activamente en política, el juez debe reconocer que las actividades políticas de los miembros de su familia cercana pueden, incluso erróneamente, afectar negativamente a la percepción pública de su imparcialidad*".

En tal sentido, los jueces y juezas, para asegurar la imparcialidad de su misión, deben estar atentos a la existencia de un conflicto de interés real, potencial o aparente, adquiriendo especial relevancia temas tales como la capacidad de identificar aquellas actividades paralelas a la función judicial que pudieren poner en riesgo la imparcialidad; así como la capacidad de identificar las herramientas para prevenir, visualizar y gestionar tales conflictos.

5.2. Identificación de buenas prácticas a desarrollar por los jueces y juezas:

Buena práctica 1: Estar siempre alertas a fin de detectar la existencia de vínculos personales, permanentes o temporales, de cualquiera naturaleza, que tengan o puedan tener la capacidad de poner en riesgo la percepción de imparcialidad al momento de ejercer la función de juzgar.

Es esperable que los miembros del Poder Judicial estén atentos a detectar los conflictos de intereses que les afecten y adquieran las herramientas idóneas para gestionarlos.

Se insta a que jueces y juezas mantengan una conducta de continuo cuestionamiento sobre las situaciones que les puedan generar conflictos de interés, haciendo de ese examen un hábito, a través de preguntas básicas y sencillas que les permitan ejercitar esa reflexión sobre los asuntos esenciales, tales como: ¿tengo interés en favorecer o perjudicar a alguien en el asunto en que debo decidir?, ¿me he restado de decidir en asuntos en que estoy en la situación anterior?

Buena práctica 2: Detectado un conflicto de interés, será abordado de forma oportuna y efectiva, adoptándose medidas tendientes a visibilizarlo y gestionarlo, con miras a asegurar o restaurar, según sea el caso, el derecho del usuario a ser juzgado por un juez o jueza imparcial, la integridad en el ejercicio de la función de juzgar y evitar la amenaza que estos representan para la confianza, la imagen y la credibilidad de la institución.

Buena práctica 3: Considerar, al momento de gestionar los conflictos de interés, especialmente, los siguientes principios:

- Se debe considerar siempre el interés general, sin dar lugar al provecho personal de la función de juez o jueza.
- Se deben transparentar y someter al debate de los incumbentes aquellos intereses y relaciones privadas de los juzgadores que puedan comprometer el ejercicio imparcial de la función de juzgar. Esta acción se deberá realizar en forma oportuna, con antelación al juzgamiento, si es de conocimiento previo, o lo más pronto posible, desde que se adquiera ese conocimiento.
- Los conflictos de interés relevantes no son solo los referidos a las partes, sino también a sus abogados y representantes.
- Al transparentar los motivos del conflicto de interés, estos se explicitarán de la forma más completa posible, evitando excesos en el uso de las abstenciones por motivos genéricos que no permitan un control de su contenido. Lo anterior, a menos que esa información completa afecte el derecho de otras personas, en cuyo caso se enunciará con la información básica necesaria para su acertada comprensión.

Buena práctica 4: Como resultado de la conducta de continuo y serio cuestionamiento sobre las situaciones que puedan generar conflictos de interés real, potencial o aparente, los miembros de la judicatura comunicarán estas situaciones de manera tal que esa información pueda ser publicitada, de forma clara y sencilla, a todos los usuarios que concurran a las dependencias de la unidad jurisdiccional, por los mecanismos que garanticen la mayor transparencia.

Buena práctica 5: Una vez que detecten los conflictos de interés que se presenten, al momento de explicitarlos, harán un ejercicio de ponderación equilibrado de los motivos que requieran o impliquen su abstención, teniendo presente los valores de responsabilidad, eficiencia y diligencia.

Buena práctica 6: Mantener una actitud dispuesta y participativa para contribuir a generar espacios de diálogo y confianza profesional, que propicien visibilizar y gestionar los conflictos de intereses, de manera de fortalecer la credibilidad institucional y prevenir conductas de corrupción al interior de las unidades jurisdiccionales.

Buena práctica 7: Tener una actitud de especial alerta en la detección de conflictos de interés en procesos de nombramientos de jueces y de selección de personal, de manera que cuando aquello se advierta por aquel que lo tiene o por otro miembro del órgano de nombramiento, se arbitren los medios necesarios para asegurar la abstención en el proceso del juez o jueza implicado, garantizando una valoración imparcial de la idoneidad de los concursantes.

6. IGUALDAD, NO DISCRIMINACIÓN Y GÉNERO

6.1. Relevancia del tema

El Código Iberoamericano de Ética Judicial destaca que "*el principio de igualdad de género y no discriminación informará el desempeño de la profesión judicial, tanto en las relaciones internas de los poderes judiciales como en el ejercicio de la jurisdicción, con el fin de garantizar el acceso a la justicia*".

A ello agrega que "*la judicatura debe administrar justicia eliminando los sesgos, las brechas y los estereotipos de género en el conocimiento y decisión de los casos, para lo cual es esencial incorporar la perspectiva de género y la interseccionalidad como herramientas de análisis para el adecuado ejercicio de la función jurisdiccional*".

Finalmente, releva que "*al ejercer la función judicial debe mantenerse una conducta respetuosa de los derechos de las personas en todas sus relaciones y no debe incurrirse en discriminación ni violencia en ningún ámbito de actuación*".

Por su parte, la reflexión sobre estos aspectos permite dar cumplimiento a lo comprometido, como Estado de Chile, al suscribir la Convención Interamericana para Prevenir, Sancionar y Erradicar la Violencia contra la Mujer (*Belém do Pará*), que enfatiza, en su artículo 7, letras b) y e), que los Estados deben actuar con la debida diligencia para prevenir, investigar y sancionar la discriminación y la violencia contra las mujeres, que ocurre tanto en espacios públicos como privados, dentro del hogar o de la comunidad, que sea perpetrada por individuos o agentes estatales, y ello implica la obligación de adoptar todas las medidas apropiadas, incluyendo medidas de tipo legislativo, para modificar o abolir leyes y reglamentos vigentes o para modificar prácticas jurídicas o consuetudinarias que respalden la persistencia o la tolerancia de la discriminación y la violencia contra las mujeres. En la misma línea, la Ley N°21.675 estatuye medidas para prevenir, sancionar y erradicar la violencia en contra de las mujeres, debido a su género.

Entre los temas a considerar en este ámbito, cabe mencionar los asociados a los peligros derivados de los estereotipos, la discriminación y los prejuicios por cuestiones derivadas del género o de la diversidad, en un sentido amplio.

6.2. Identificación de buenas prácticas a desarrollar por los jueces y juezas:

Buena práctica 1: Propiciar, en perspectiva de promoción de un trato igualitario y no discriminatorio, dentro de las unidades judiciales, una cultura de inclusión y respeto ante la diversidad de funcionarios y funcionarias que laboran en ellas y de usuarios que concurren a los tribunales.

Buena práctica 2: Mantener una actitud dispuesta y participativa en orden a contribuir a generar espacios de diálogo y confianza profesional, que propicien el resguardo de ambientes de trato igualitario y no discriminatorios, construyendo espacios seguros para el respeto de la dignidad de todos quienes asisten al tribunal, en cualquier calidad.

Buena práctica 3: En cuanto al trato y cortesía, propiciar y resguardar el trato igualitario y no discriminatorio, ya sea por razones de género u otra situación de diversidad o vulnerabilidad en el ejercicio de sus derechos. Especialmente deben evitarse alusiones al aspecto físico, a la presentación o apariencia de las personas, como vestimentas y maquillaje, por ejemplo.

Este trato igualitario y no discriminatorio debe primar en el contexto de trabajo, pero también debe extenderse a los horarios de alimentación y descanso, como lo son aquellos que transcurren en dependencias destinadas a casino, dentro del horario laboral, así como también a las instancias de esparcimiento, dentro o fuera del tribunal, como pueden ser celebraciones y paseos.

Buena práctica 4: En los procesos de nombramientos, se evitará formular preguntas o comentarios relacionados con la vida privada, orientación sexual o género, origen étnico, estado civil o con la existencia de alguna condición de neurodiversidad u otra situación de vulnerabilidad que, en definitiva, pueda constituir o parecer constituir una discriminación.

Se sugiere acordar, con los demás integrantes del órgano de decisión, un listado de temas y preguntas a excluir, por no tener incidencia en la decisión del cargo.

Buena práctica 5: En el uso de redes sociales, tanto institucionales como no institucionales, se resguardará un trato igualitario y no discriminatorio por razones de género u otra situación de diversidad o vulnerabilidad en el ejercicio de sus derechos, con las personas con quienes interactúan.

Buena práctica 6: Al momento que el juez o jueza se relacione con los diferentes sujetos que habitualmente intervienen en el sistema de administración de justicia y usuarios debido a la función judicial, se tendrá especial atención en el uso del lenguaje verbal, usando un lenguaje inclusivo, evitando aquellas expresiones que parezcan o pudieran parecer discriminatorias o que manifiesten un trato desigual arbitrario. Atentan contra un trato digno e igualitario el uso de lenguaje peyorativo, que denote descalificación por razones de género, o por su pertenencia a grupos vulnerables en el ejercicio de sus derechos.

De la misma forma se recomienda tener especial atención a las expresiones de lenguaje no verbal, que parezcan o pudieran parecer discriminatorias o manifiesten un trato desigual arbitrario.

Buena práctica 7: Promover, en la dictación de las resoluciones judiciales, el uso de un lenguaje inclusivo y no discriminatorio, en tanto un lenguaje basado en sesgos, estereotipos y prejuicios instala un sistema de justicia que, en vez de proteger la igualdad de derechos y la dignidad humana, preserva el trato desigual arbitrario.

Buena práctica 8: Al momento de relacionarse con los diferentes sujetos que habitualmente intervienen en el sistema de administración de

Justicia y usuarios, los jueces y juezas actuarán con empatía, procurando respetar las diferencias, alertando e identificando los sesgos y prejuicios en materias de género o por otra situación de diversidad o vulnerabilidad, sean conscientes o inconscientes.

Buena práctica 9: Al asignar deberes administrativos, tareas, o brindar oportunidades profesionales a quienes interactúan en las labores jurisdiccionales, tendrá en especial consideración promover el trato igualitario o no discriminatorio, evitando que la distribución de esas actividades sea movida por sesgos o estereotipos.

Buena práctica 10: Mantener un continuo interés en capacitarse sobre la aplicación de la perspectiva de género en el ámbito jurisdiccional, con miras a fortalecer su capacidad de considerar las realidades sociales con una mirada centrada en la igualdad, la no discriminación y la equidad, evitando, de esta forma, la banalización de su uso a situaciones en que no se comprometan realmente tales principios.

7. LÍMITES ÉTICOS AL USO DE LA INTELIGENCIA ARTIFICIAL EN LA LABOR JURISDICCIONAL

7.1. Relevancia del tema

El Código Iberoamericano de Ética Judicial destaca, en cuanto a las nuevas tecnologías, que "*la judicatura debe ser consciente de la importancia instrumental de las nuevas tecnologías en el ejercicio de la función judicial y de los límites que imponen a su uso los derechos fundamentales de la persona, en particular por cuanto se refiere a la protección efectiva de sus derechos. El uso de las redes sociales por quienes integran el poder judicial no debe comprometer su independencia e imparcialidad ni poner en cuestión la integridad del ejercicio de la función judicial*".

Por su parte, la Carta ética europea sobre el uso de inteligencia artificial en los sistemas judiciales y su entorno, emanada de la Comisión Europea para la eficiencia de la Justicia, que sesionó los días 3 y 4 de diciembre del año 2018, consigna en su introducción: "*El uso de tales herramientas y servicios en los sistemas judiciales busca mejorar la eficiencia y la calidad de la justicia, y debe fomentarse. Sin embargo, debe llevarse a cabo de manera responsable, teniendo debidamente en cuenta los derechos fundamentales de las personas establecidos en el Convenio Europeo de Derechos Humanos y el Convenio sobre la Protección de Datos Personales (…)".*

7.2. Identificación de buenas prácticas a desarrollar por los jueces y juezas:

Buena práctica 1: Mantener una actitud abierta y receptiva a las nuevas tecnologías y al uso de la inteligencia artificial, incluyendo espacios de capacitación, con miras a mejorar el acceso, eficacia, eficiencia y calidad de la Administración de Justicia.

En el entendido que el uso de la inteligencia artificial se ha estimado una actividad potencialmente riesgosa en la Administración de Justicia, se considerarán, como límites en su uso, la promoción y respeto de los derechos humanos, así como la protección de los datos personales. Además de estos límites esenciales, se estima necesario que el resultado de su uso esté sujeto al control de un ser humano; que no se afecten las bases de un debido proceso; y que se establezcan alertas de sesgos y discriminación.

Se advierte sobre la necesidad de revisar cuidadosamente la veracidad de los resultados de la inteligencia artificial generativa, para garantizar la precisión y evitar tergiversaciones asociadas a las actuaciones de los tribunales.

Buena práctica 2: Mantener el control sobre la validez de las fuentes, de manera que sean certificadas y que los datos que se incorporen como insumos sean elaborados con modelos construidos de manera multidisciplinaria, en un entorno tecnológico seguro, de forma que puedan ser informados y explicados a las personas usuarias e intervinientes y partícipes de un proceso judicial, en términos que su uso genere confianza en la labor que se desarrolla.

Buena práctica 3: Dado el carácter evolutivo de las herramientas de inteligencia artificial, los miembros del Poder Judicial se mantendrán informados sobre los desarrollos y los problemas éticos emergentes relacionados con las mismas, ya sean que las usen o no[12].

---

12 Sobre este particular, como en el mencionado en la buena práctica que sigue, se han considerado las recomendaciones de la *American Bar Association* (opinión formal 512, de 29 de julio de 2024), disponible en: https://www.americanbar.org/content/dam/aba/administrative/professional_responsibility/ethics-opinions/aba-formal-opinion-512.pdf

Buena práctica 4: Considerar que, si bien la inteligencia artificial generativa puede mejorar la eficacia y eficiencia de la labor jurisdiccional, no puede reemplazar el juicio profesional de los jueces o juezas, y estos deben seguir siendo, en última instancia, responsables de las decisiones adoptadas en los casos sometidos a su conocimiento.

8. HERRAMIENTAS PARA IDENTIFICAR Y ABORDAR DILEMAS ÉTICOS

8.1. Relevancia del tema

Resulta de interés tener claridad que, más allá del conocimiento de las normas y de los procedimientos, es central en la labor de un buen juez o jueza considerar el cultivo de las virtudes éticas porque ellas permiten un correcto desempeño de la función jurisdiccional y favorecen la confianza de los ciudadanos en la Administración de Justicia.

Junto con tal conciencia de la centralidad de la ética, resulta relevante identificar las vías para resolver los problemas éticos a que los jueces y juezas se enfrentan, de una manera pronta y adecuada.

8.1. Identificación de buenas prácticas a desarrollar por los jueces y juezas:

Buena práctica 1: Ser capaces de distinguir, dentro de la transversalidad del fenómeno ético, que existen conductas que importan infracciones penales, funcionarias y éticas.

Cuando la línea divisoria entre tales infracciones se vuelve difusa, en particular entre las infracciones funcionarias y éticas, contribuyen a dilucidar su límite la consulta, en primer término, a las leyes, la doctrina y la jurisprudencia, sumado a un amplio universo de instrumentos y dictámenes vinculados con la ética judicial, tanto internacionales, regionales y nacionales. A lo anterior, se agrega la posibilidad de consultar a un colega de confianza, con mayor experiencia en el tema, a quien, con la debida reserva, se pueden plantear las dudas sobre la naturaleza de algún dilema ético. Lo anterior es, sin perjuicio de la consulta al órgano institucional, en el evento que exista, destinado a orientar a los integrantes de la Judicatura en sus consultas éticas.

Buena práctica 2: Enfrentados a dilemas éticos, junto con propiciar la reflexión y consulta en caso de dudas, se insta a obrar con prudencia y cautela en favor de un equilibrio que permita la correcta aplicación de los principios éticos a los referidos dilemas.

Buena práctica 3: Mantenerse continuamente reflexivos en torno a que los principios que integran la ética judicial están establecidos en favor de los justiciables, por medio de la mejora de la conducta individual de cada uno de los jueces y juezas, lo que derivará en una más eficiente y eficaz administración de justicia, todo con fines de generar y fortalecer una mayor confianza del usuario en ella.

Buena práctica 4: Los miembros de la judicatura, al conducirse en su labor, deben considerar que lo básico que les es exigible es el cumplimiento de la ley y de la regla funcionaria, pero que, en una perspectiva de ética judicial, es esperable que se desplieguen conductas más allá de tal mínimo, con miras a generar y fortalecer la confianza en el rol que desempeñan.

Buena práctica 5: Mantener una conducta de continuo cuestionamiento en materias éticas, haciendo de ese examen un hábito, a través de preguntas básicas y sencillas que les permitan repasar y ejercitar la reflexión sobre los asuntos esenciales, como son, entre otros, los siguientes: ¿Cómo he tratado hoy a quienes han concurrido a audiencia?, ¿he visibilizado sus particularidades, para darles un buen trato?, ¿cómo me he relacionado con mis colegas pares?, ¿he transparentado los motivos de mis decisiones en lenguaje claro?; ¿he revisado y controlado mis sesgos?; ¿me he restado de decidir en asuntos en que quiero favorecer o perjudicar a alguien?

Buena práctica 6: Propiciar espacios colectivos, de confianza profesional, en donde con periodicidad, en equipos o entre pares, se compartan y debatan, con sentido de examen constructivo, temas sobre ética e integridad, en el ámbito de lo Judicial.

BIBLIOGRAFÍA BÁSICA SOBRE LA ÉTICA JUDICIAL

1. Doctrina

Aguiló Regla, Josep, «Dos concepciones de la ética judicial», *Doxa. Cuadernos de Filosofía del Derecho*, núm. 32, 2009, pp. 525-540.

Aguiló Regla, Josep, «Ética judicial y Estado de Derecho», en *El buen jurista. Deontología del Derecho*, Valencia: Tirant lo Blanch, 2013.

Aguiló Regla, Josep, «Independencia e imparcialidad de los jueces y argumentación jurídica», *Isonomía*, núm. 6, 1997, pp. 71-83.

Andrés Ibáñez, Perfecto, «Imparcialidad judicial e independencia judicial», en *Juezas y Jueces para la Democracia. Ética judicial: reflexiones desde jueces para la democracia*, Madrid: Fundación Antonio Carretero, 2009.

Atienza Rodríguez, Manuel, «Ética judicial», *Jueces para la democracia. Información y debate*, núm. 40, 2001, pp. 17-18.

Atienza Rodríguez, Manuel, «Ética judicial: ¿Por qué no un código deontológico para jueces?», *Jueces para la democracia. Información y debate*, núm. 46, 2003, pp. 43-46.

Atienza Rodríguez, Manuel, Arturo Beltrán Núñez, Ricardo Bodas Martín, José Gabaldón López, Santiago Martínez-Vares García y Francisco Racionero Carmona, «Estatuto judicial y límites a la libertad de expresión y opinión de los jueces», *Revista del Poder Judicial*, núm. especial XVII («Justicia, información y opinión pública Encuentro Jueces-Periodistas»), 1999, pp. 373-446.

Atienza Rodríguez, Manuel, *Reflexiones sobre ética judicial*, México: Suprema Corte de Justicia de la Nación y Dirección General de la Coordinación de Compilación y sistematización de Tesis, México, 2008.

Atienza Rodríguez, Manuel, «Virtudes judiciales (Selección y formación de los jueces en el Estado de Derecho», *Claves de Razón Práctica*, núm. 86, 1998.

Calamandrei, Piero, *Elogio de los jueces escrito por un abogado*, Buenos Aires: Ediciones Jurídicas Europa-América, 1989

Cortina, Adela, *Justicia cordial*, Madrid: Editorial Trotta, 2010.

Couture, Eduardo, *Los mandamientos del abogado*, Buenos Aires: Depalma, 1949.

De Cervantes, Miguel, «De los consejos que dio don Quijote a Sancho Panza antes que fuese a gobernar la ínsula, con otras cosas bien consideradas», en *Don Quijote de la Mancha (Segunda Parte, Capítulo XLII)*, México: Real Academia Española, Asociación de Academias de la Lengua Española, Alfaguara, 2005.

Díaz Romero, Juan, *El abc de la deontología judicial*, México: SCJN, 2005.

Dussan, Enrique, «Módulo de Ética Judicial», VII Curso de Formación Judicial para Jueces y Magistrados, Bogotá: Escuela Rodrigo Lara Bonilla, 2016.

Dworkin, Ronald, *La justicia con toga*, Madrid: Marcial Pons, 2007.

Figueroa Gutarra, Edwin, «Prudencia judicial y argumentación jurídica: una vinculación pragmática», Ensayo ganador del concurso internacional de monografías de la Comisión Iberoamericana de Ética Judicial, correspondiente al año 2018.

Garapon, Antoine, *Le gardien des promesses. Justice et démocratie*, París: Éditions Odile Jacob, 1996.

Garapon, Antoine, *Les vertus du juge*, París: Dalloz, 2008.

Giraldo, Jaime, *Lo ético en el derecho*, Bogotá: Librería Ediciones del Profesional, 2013.

Gómez Gómez, Fernando, «Consideraciones éticas para los jueces y aspirantes a la judicatura», *Revista de la Facultad de Derecho y Ciencias Políticas de la Universidad Pontificia Bolivariana*, núm. 93, 2000, pp. 150-170.

Gros Espiell, Héctor, «Ética y Derecho», *Revista uruguaya de Derecho procesal*, núm. 3, 1996, pp. 321-329.

Guerrero, Eduardo, «Aplicación de la ética jurídica en el ámbito jurisdiccional», en Zaragoza, Edith *et al.*, *Ética y derechos humanos*, México: Iure, 2006.

Hernando Santiago, Francisco, «Reflexiones sobre ética judicial». Discurso de apertura del año judicial. Tribunal Supremo, Consejo General del Poder Judicial, Madrid, 2006.

Juezas y Jueces para la Democracia, *Ética judicial: Reflexiones desde Jueces para la Democracia*, Madrid: Fundación Antonio Carretero, 2009.

López Sánchez, Rogelio, «Cortesía: Principio que dignifica la imagen del Poder Judicial», Ensayo ganador del VIII concurso internacional de monografías de la Comisión Iberoamericana de Ética Judicial.

Malem Seña, Jorge, *La función judicial. Ética y Democracia*, Barcelona: Gedisa, 2003.

Malem Seña, Jorge, «¿Pueden las malas personas ser buenos jueces?», México: Biblioteca Jurídica Virtual del Instituto de Investigaciones Jurídicas de la UNAM.

Martín Pallín, José Antonio, *¿Para qué servimos los jueces?*, Madrid: Los libros de la Catarata, 2010.

Medina Reyes, Roberto Antonio, «La E-Justicia como garantía del principio de transparencia en el sistema judicial», *X Concurso Internacional de Trabajo monográfico en torno al Código Iberoamericano de Ética Judicial, Comisión Iberoamericana de Ética Judicial*, Buenos Aires: Editorial Jusbaires, 2017, pp. 17-50.

Onfray Vivanco, Arturo Felipe, «Ética Judicial y Capacitación de los Jueces», *Revista de Derecho del Consejo de Defensa del Estado*, núm. 25, junio, 2012, pp. 9-32 (trabajo publicado también en la Serie Monografías Premiadas de la Colección de la Comisión Iberoamericana de Ética Judicial, Suprema Corte de la Justicia, México).

Onfray Vivanco, Arturo Felipe, «Responsabilidad Institucional de los Jueces», *Revista de Derecho del Consejo de Defensa del Estado*, núm. 30, diciembre, 2013, pp. 11-35 (trabajo publicado también en la Serie Monografías Premiadas de la Colección de la Comisión Iberoamericana de Ética Judicial, Suprema Corte de la Justicia, México).

Ordóñez Solís, David, «La independencia judicial en clave ética: La confianza de una sociedad democrática en sus jueces», ensayo ganador del concurso internacional de monografías de la Comisión Iberoamericana de Ética Judicial, correspondiente al año 2009.

Ordóñez Solís, David, «La interpretación institucional de la ética judicial en Iberoamérica y en España», *Diario La Ley*, núm. 9.358, 14 de febrero de 2019.

Ordóñez Solís, David, *Los poderes del juez en una sociedad democrática*, Cizur Menor: Thomson-Aranzadi, 2004.

Osorio, Ángel, *El alma de la toga*, Buenos Aires: Ediciones Jurídicas Europa- América, 1978.

Ost, François, «Júpiter, Hércules, Hermes: Tres modelos de juez», *Doxa. Cuadernos de Filosofía del Derecho*, núm. 14, 1993, pp. 169-194 (traducción: Isabel Lifante Vidal).

Pardo Valencia, Fanny, *Ética y Derecho de la Abogacía en Chile*, Santiago: Editorial Jurídica de Chile, 1969.

Platas Pacheco, María del Carmen, «Prudencia y justicia: exigencias de la ética judicial», *Revista del Instituto de la Judicatura Federal*. Núm. 21.

Quintana López, Jaime, «Estudio del deber o ética del servidor judicial», *Revista Jurídica*, Año IX, núm. 31, 1984.

Roos, Ricarda Stefanie y Jan Woischnik, *Códigos de ética judicial. Un estudio de derecho comparado con recomendaciones para los países latinoamericanos*, Montevideo: Fundación Konrad Adenauer, 2005.

Saldaña Serrano, Javier, *El papel de la Ética Judicial en el nuevo modelo de juez del Estado Constitucional de Derecho*, México: Porrúa, UNAM, 2016.

Saldaña Serrano, Javier, *Ética judicial: virtudes del juzgador*, México: Instituto de Investigaciones Jurídicas de la Universidad Nacional Autónoma de México y Suprema Corte de Justicia de la Nación, México, 2007.

Sánchez Bringas, Enrique, *Decálogo del juzgador. Cartas a un Juez que inicia su carrera judicial*, México: Suprema Corte de Justicia de la Nación, 2001.

Sancho Gargallo, Ignacio, *El paradigma del buen juez*, Editorial Tirant lo Blanch, Valencia, 2022.

Santaella López, Manuel, *Ética de las profesiones jurídicas: textos y materiales para el debate deontológico*, Madrid: Servicio de Publicaciones, Facultad de Derecho, Universidad Complutense, 1995.

Subero Isa, Jorge, *La ética del funcionario judicial*, Santo Domingo: Escuela de la Magistratura, 1999.

Suprema Corte de Justicia de la Nación, *Casos prácticos de ética judicial*, México: Instituto de Investigaciones Jurisprudenciales y de Promoción y Difusión de la Ética Judicial, 2011.

Thayer Arteaga, William, *Orientación profesional y vocación jurídica*, tesis de grado, Santiago: Pontificia Universidad Católica de Chile, 1944.

Toharia Cortés, José Juan, «¿Por qué se quejan los españoles cuando hablan de su Administración de Justicia?», en *Ética del juez y garantías* procesales, Madrid: Escuela Judicial, Consejo General del Poder Judicial, 2005.

Torres Zarate, Fermín, «La prudencia judicial», *Alegatos*, núm. 74, 2010, pp. 147-166.

United Nations Office on Drugs and Crime, *Judicial conduct and ethics, selfdirected course*, Viena: United Nations: 2019.

Urbano Castrillo, Eduardo de (coord.), *Ética del juez y garantías procesales*, Madrid: Escuela Judicial, Consejo General del Poder Judicial, 2005.

Vigo, Rodolfo Luis, *Ética judicial e interpretación jurídica*, Buenos Aires: Ediciones De Palma, 1981.

Vigo, Rodolfo Luis, «*Ética judicial e interpretación jurídica*», DOXA, Cuadernos de Filosofía Jurídica, 29 (2006), pp. 273-294.

Vigo, Rodolfo Luis, *Ética judicial e interpretación jurídica*, Madrid: Tecnos, 1998.

Vigo, Rodolfo Luis y Silvana Stanga, «Ética judicial y centros de capacitación en Argentina», *Cuadernos Procesales*, núm. 11, 2001.

Vigo, Rodolfo Luis, *Ética y responsabilidad judicial*, Buenos Aires: Rubinzal- Culzoni Editores, 2007.

2. Instrumentos normativos sobre ética judicial

Auto Acordado de la Corte Suprema sobre Principios de Ética Judicial y Comisión de Ética, de fecha 14 de diciembre de 2007.

Carta de los Derechos de las Personas ante la Justicia en el Espacio Judicial Iberoamericano, adoptada en la VII Cumbre Iberoamericana de Presidentes de Cortes Supremas y Tribunales Supremos de Justicia, celebrada en Cancún, México, los días 27 al 29 de noviembre de 2002.

Código Modelo Iberoamericano de Ética Judicial, de 2006, y modificado el 2 de abril de 2014 y el 22 de septiembre de 2023 en la XVII y en la XXI Reuniones Plenarias de la Cumbre Judicial Iberoamericana en Santiago de Chile y en Lima, Perú.

Declaración de Doha, aprobada por el 13er Congreso de las Naciones Unidas sobre Prevención del Delito y Justicia Penal (2015), en el que los Jefes de Estado y de Gobierno, ministros y representantes de los Estados Miembros reafirmaron su compromiso y su firme voluntad política de apoyar unos sistemas de justicia penal eficaces, imparciales, humanos y responsables y las instituciones que los integran.

Estatuto del Juez Iberoamericano, aprobado en la VI Cumbre iberoamericana de presidentes de Cortes Supremas y Tribunales Supremos de Justicia, celebrada en Santa Cruz de Tenerife, Canarias, España, los días 23, 24 y 25 de mayo de 2001.

Estatuto Universal del Juez.

Principios de Bangalore sobre la Conducta Judicial, aprobados por el Grupo Judicial de Reforzamiento de la Integridad Judicial, nacido al alero de las Naciones Unidas, luego denominado Grupo de Integridad Justicia, en la reunión de Presidentes de 101 Tribunales Superiores celebrada en el Palacio de La Paz de la Haya, Países Bajos, el 25 y 26 de noviembre de 2002, documento que fue, más tarde, respaldado por el Consejo Económico y Social de las Naciones Unidas en su resolución 2006/23 de 27 de julio de 2006.

3. **Sitios institucionales sobre ética judicial**

Comisión Iberoamericana de Ética Judicial: https://www.poderjudicial.es/cgpj/es/CIEJ/Comision-Iberoamericana-de-Etica-Judicial/

Global Judicial Integrity Network: https://www.unodc.org/ji/

Sitio de Ética Judicial del Poder Judicial chileno: https://www.pjud.cl/post/etica-judicial-cs